Explora nuevas ideas.

lectura y escritura

Lee una y otra vez literatura hermosa y textos informativos.

Aprende a escribir mejor.

Aplica lo que has aprendido para descubrir las Maravillas de la lectura.

¡Conéctate! www.connected.mcgraw-hill.com
Explora tu taller interactivo de lectura y escritura.

Mc Graw Hill Education

Bothell, WA • Chicago, IL • Columbus, OH • New York, NY

Cover and Title pages: Nathan Love

www.mheonline.com/lecturamaravillas

Send all inquiries to:
McGraw-Hill Education
Two Penn Plaza
New York, New York 10121

ISBN: 978-0-02-125820-8
MHID: 0-02-125820-1

Printed in the United States of America.

2 3 4 5 6 7 8 9 DOW 18 17 16 15 14

A

McGraw-Hill Lectura
Maravillas

CCSS **Lectura / Artes del lenguaje**

Autores

Jana Echevarria   Gilberto D. Soto

Teresa Mlawer   Josefina V. Tinajero

Mc Graw Hill Education

Bothell, WA • Chicago, IL • Columbus, OH • New York, NY

Unidad 2

Nuestra comunidad

La gran idea

(t) Iñaki Echeverría; (b) Luciana Fernández

 ¡Conéctate! Las lecciones están en www.connected.mcgraw-hill.com.

Unidad 2
Nuestra comunidad

Diane Greenseid

Mi barrio

Las ventanas de las casas
reciben el nuevo día.
Varios niños en la calle
comparten con alegría.
Mi papá va a su trabajo,
mis amigos, a la escuela.
Yo, como soy pequeñita,
voy a casa de mi abuela.

Teresa Mlawer

La gran idea

¿Qué forma una comunidad?

Weekly

 Pregunta esencial

¿Qué trabajos se necesitan en una comunidad?

 ¡Conéctate!

En el trabajo

 Coméntalo

¿Por qué el trabajo de esta persona es importante para la comunidad?

aquí

Entregaré estas cartas **aquí**.

como

Vamos a la escuela **como** tú.

like, as

nuevo

La pala hace un **nuevo** agujero.

que

Ella dice **que** sigamos recto.

tan

to come out

La pizza no salió **tan** bien.

so

tanto como

as much as

COLABORA

Tu turno

Di la oración para cada palabra.
Luego, haz otra oración.

¡Conéctate! Usa el glosario digital ilustrado.

(tl) Design Pics Inc./Alamy; (cl) Big Cheese Photo/age fotostock; (bl) Steve Allen/
Brand X Pictures/Alamy; (tr) Masterfile; (br) Bananastock/Alamy

Sonido <u>d</u>

La palabra **de<u>d</u>o** tiene el sonido d.

Con este sonido podemos formar las sílabas <u>d</u>a, <u>d</u>e, <u>d</u>i, <u>d</u>o, <u>d</u>u.

Estas palabras tienen el sonido <u>d</u>.

<u>d</u>os	<u>d</u>a<u>d</u>o	<u>d</u>ama
la<u>d</u>o	mo<u>d</u>elo	to<u>d</u>o
lo<u>d</u>o	so<u>d</u>a	<u>d</u>ato

Iñaki Echeverría

Dami mide los lados de la mesa.

Hace las patas con dos palos.

COLABORA

Tu turno

Busca estas palabras con el sonido d en "Paseo por la comunidad".

Ada	**todos**	**salida**
saluda	**poda**	**Adela**
Dilma	**da**	**asustada**

Pregunta esencial

¿Qué trabajos se necesitan en una comunidad?

Lee sobre los trabajadores de una comunidad.

Doc Liam

¡Conéctate!

14

Iñaki Echeverría

Paseo por la comunidad

Lili Schojer

Adela amasa pasteles.

Tomás pasa y la saluda.

Adela le da un pastelito.

Iñaki Echeverría

—¿Qué tiene? —dice Tomás.

—Tiene pasas. ¿Te gusta?

—¡Es el **que** más me gusta!

Tomás va al parque.
Saluda a Lito.

Lito poda las matas
y corta el pasto.

¡El pasto está liso
como un tapete!

Dilma ayuda a Lito.
Alimenta a los patos.

—¿Dónde está el patito,
Dilma? —dice Tomás.

—**Aquí**, Tomás. Está con su
mamá —dice Dilma.

Tomás va donde Elisa.

Elisa es bombera.

Tomás la saluda.

Iñaki Echeverría

Elisa y Tomás van al parque.

¡Mimi está **tan** asustada!

Elisa la ayuda.

Tomás es mi **nuevo** amigo de la escuela.

Vamos a la misma clase.

Ada nos ayuda a la salida de la escuela.

Iñaki Echeverría

Adela, Lito, Dilma, Elisa, Ada, Tomás y yo.

¡Todos somos de la comunidad!

Personaje, ambiente, sucesos

1. Un **personaje** es una persona o un animal de un cuento.

2. El **ambiente** es el lugar donde ocurre un cuento.

3. Los **sucesos** son las cosas que pasan en un cuento.

Busca evidencias en el texto

Busca un personaje, un ambiente y un suceso.

página 18

Tomás va al parque. Saluda a Lito.

Personaje	Ambiente	Sucesos
Tomás	el parque	Saluda a Lito.
Lito	el parque	Poda las matas.
Elisa	el parque	Ayuda a Mimi.

Tu turno

COLABORA

Conversa sobre el ambiente, los personajes y los sucesos de "Paseo por la comunidad".

¡Conéctate! Usa el organizador gráfico interactivo.

De lectores...

Organización Dina tuvo una buena idea para su cuento. Luego, pensó en cómo contar su idea.

Cuento de Dina

Dora amasa en la mesa. Hace pan. Dani lo come. A Dani le gusta el pan de Dora.

Tu turno COLABORA

Di cómo organizó Dina su cuento.

a escritores

El sustantivo Los sustantivos son palabras que nombran personas, animales o cosas. La palabra **pan** es un sustantivo.

Hace **pan**.

Tu turno

COLABORA

- Subraya otro sustantivo en el cuento de Dina.
- Encierra en un círculo la mayúscula inicial y el punto en las oraciones.
- Escribe otras oraciones que incluyan sustantivos.

Concepto semanal
Edificios por todos lados

Pregunta esencial

¿Qué edificios conoces?
¿De qué están hechos?

¡Conéctate!

Sakis Papadopoulos/Robert Harding World Imagery/Getty Images

28

Nuestra ciudad

Coméntalo

¿Cómo son los edificios de esta ciudad?

casa

La **casa** es de madera.

sobre

Esta casa está **sobre** el pasto.

tres

Hay **tres** niñas en la tienda.

vivir

¿Quieres **vivir** en un edificio?

ya

¡**Ya** podemos salir a jugar!

Tu turno

Di la oración para cada palabra. Luego, haz otra oración.

¡Conéctate! *Usa el glosario digital ilustrado.*

Sonido n

La palabra **nido** comienza con el sonido n.

Con este sonido podemos formar las sílabas na, ne, ni, no, nu. También podemos formar sílabas que terminan con el sonido n.

Estas palabras tienen el sonido n.

nada	lindo	lento
nota	nudo	luna
mano	limón	manta

Steven Mach

Nina come sentada en el lodo.

Su casa está en un pantano.

Tu turno

COLABORA

Busca estas palabras con el sonido n en "La casa está lista".

Mono	saltan	en
una	tenemos	mentas
lana	manos	con

Amanda Gulliver

Género Fantasía

Pregunta esencial

¿Qué edificios conoces? ¿De qué están hechos?

Lee acerca de la casa que construyen Oso y Mono.

¡Conéctate!

Luciana Fernández

34

La casa está lista

Ángeles Rossi

Oso y Mono saltan en la colina.

¡Van a hacer una **casa**!

—Tenemos mentas, lodo, lana, masa y **tres** palos —dice Oso.

—¡Y dos manos! —dice Mono.

Oso modeló todo con lodo.

Mono **ya** usó los tres palos.

—¿Y las mentas? —dice Oso.

—¿Y la lana? —dice Mono.

—¡Ya sé qué voy a hacer con las mentas! —dice Oso.

—¡Ya sé qué voy a hacer con la lana! —dice Mono.

—¿Y qué vamos a hacer con la masa? —dice Oso.

—¡Ya sé, Oso! ¡Mira! —dice Mono.

—¿Qué es esto, Mono? —dice Oso.

—Es un tapete de masa —dice Mono.

—Me gusta **vivir** en una casa
de menta —dice Oso.

—¡Me gusta saltar **sobre** un
tapete de masa! —dice Mono.

Luciana Fernández

Ya está lista la casa.

Es una casa de palo y de lodo.

Y de lana, menta y masa.

Personaje, ambiente, sucesos

event

Un **personaje** es una persona o un animal de un cuento.

El **ambiente** es el lugar donde ocurre un cuento.

Los **sucesos** son las cosas que pasan en un cuento.

Busca evidencias en el texto

Busca un ambiente, un personaje y un suceso en las palabras y en las ilustraciones del cuento.

página 36

Oso y Mono saltan en la colina

¡Van a hacer una **casa**!

Luciana Fernández

44

Personaje	Ambiente	Sucesos
Oso y Mono	colina	Saltan.
Mono	colina	Teje la lana.

Tu turno

COLABORA

Conversa sobre el ambiente, los personajes y los sucesos de "La casa está lista".

¡Conéctate! *Usa el organizador gráfico interactivo.*

De lectores...

Organización Nati escribió un cuento con principio, desarrollo y final.

Cuento de Nati

Unos patitos ponen lodo en una lomita. Una patita pone palitos. Los patitos se mudan a su nueva casa.

COLABORA

Tu turno

Comenta qué sucede al principio, en el desarrollo y al final del cuento de Nati.

a escritores

El sustantivo: singular y plural

Un sustantivo **singular** nombra a una persona, animal o cosa. Un sustantivo **plural** nombra a más de una persona, animal o cosa.

Los **patitos** se mudan a su nueva **casa**.

Tu turno

COLABORA

- Subraya otros sustantivos del cuento de Nati e indica si están en singular o plural.
- Encierra en un círculo la mayúscula y el punto en las oraciones.
- Escribe otras oraciones con sustantivos en singular y en plural.

Concepto semanal
Una comunidad en la naturaleza

Pregunta esencial

¿Dónde viven juntos los animales?

¡Conéctate!

48

Hogar de animales

Coméntalo

¿Cómo es el lugar donde viven estos animales?

años

Este pingüino tiene ocho **años**.

comer

Una ardilla puede **comer** nueces.

entre

El nido está **entre** las ramas.

grande

¡Este frasco
es muy **grande**!

pero

Es pequeña,
pero peligrosa.

Tu turno

COLABORA

Di la oración para cada palabra.
Luego, haz otra oración.

¡Conéctate! *Usa el glosario digital ilustrado.*

Sonido b de la letra v

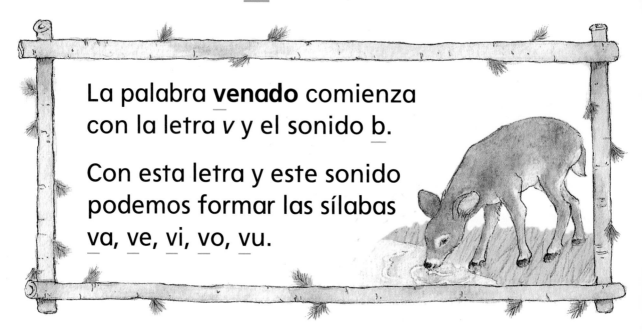

La palabra **venado** comienza con la letra v y el sonido b.

Con esta letra y este sonido podemos formar las sílabas va, ve, vi, vo, vu.

Estas palabras tienen la letra v y el sonido b.

vaso	**vela**	**visita**
vivo	**selva**	**uva**
lava	**vida**	**pavo**

El mono Vito vive en la selva.

Birds

Las aves lo visitan cuando las invita.

Silvia Álvarez Castellar

Tu turno

COLABORA

Busca estas palabras con la letra *v* y el sonido b en "La vida en el bosque".

vida	**vamos**	**viven**
venado	**adivinaste**	**aves**
avispas	**levantan**	**van**

Pregunta esencial

¿Dónde viven juntos los animales?

Lee acerca de los animales
que viven en el bosque.

Done L-C

¡Conéctate!

54

La vida en el bosque

Este es el bosque. ¿Vamos a ver los animales que viven aquí?

Este es el venado.

Se alimenta de pasto.

¿Y quién anda **entre** los pastos?

¿Ya adivinaste? ¡Es la liebre!

Estos árboles viven
muchos **años**.

En lo alto de las copas anidan las aves.
Mira el nido. ¡Mamá vino con el alimento!

Y... ¿qué es eso?

Es un nido, **pero** en él no viven aves.

Es el nido de las avispas.

En el bosque también viven hormigas. Pasan por todas partes.

Levantan palitos y pasto.

Llevan alimento al nido.

entrada

alimento

reina

obrera

huevos

Mira el nido que hacen las hormigas.

¡Es muy **grande**!

De Agostini/Getty Images

61

¡Y aquí están los zorros!

A ellos les gusta **comer** aves.

El papá les da alimento.

Con la mamá pueden correr y saltar.

¿Ya viste quién está aquí?
¿Adivinaste quién es?
¡Si se asusta, huele muy mal!

63

Tema principal
y detalles clave

Theme

El **tema principal** es aquello de lo que habla el texto.

Los **detalles clave** dan información acerca del tema principal.

🔍 Busca evidencias en el texto

Busca un detalle sobre alguno de los animales de la lectura.

página 56

Este es el bosque. ¿Vamos a ver los animales que viven aquí?

Este es el venado.
Se alimenta de pasto.

Tema principal
En el bosque viven muchos animales.

Detalle	Detalle	Detalle
Los venados viven en el bosque. Comen pasto.	Las aves hacen nidos en los árboles.	Las avispas también hacen un nido.

Tu turno

Conversa sobre el tema principal y otros detalles de "La vida en el bosque".

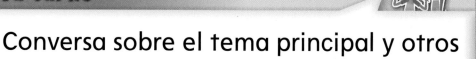

¡Conéctate! Usa el organizador gráfico interactivo.

De lectores...

Ideas Nínive eligió un tema.
Escribió oraciones que explican su idea.

Oraciones de Nínive

Ana vive en el bosque. Allí

viven muchos animales.

Las aves viven en nidos.

Las avispas también.

Tu turno

Comenta qué detalles usó
Nínive para explicar su idea.

a escritores

El sustantivo: común y propio

Los **sustantivos comunes** nombran lugares, personas o cosas en general. Los **sustantivos propios** son el nombre de un lugar, una persona o una cosa.

Ana vive en el **bosque**.

Tu turno

- Subraya otro sustantivo común en las oraciones de Nínive.

- Haz un círculo a la mayúscula en el nombre de la persona.

- Escribe otra oración con sustantivos comunes o propios.

Concepto semanal ¡Ayudemos!

Pregunta esencial

¿Cómo ayuda la gente en la comunidad?

¡Conéctate!

¡Mejóralo!

Coméntalo

¿Qué hacen estos niños para colaborar con la comunidad?

ahí

¡Quitemos la basura de **ahí**!

bueno

Reciclar es **bueno** y útil.

casi

¡Ya **casi** terminamos!

llamar

Voy a **llamar** a la biblioteca.

quiero

Quiero ayudar a mi abuela.

Tu turno

COLABORA

Di la oración para cada palabra. Luego, haz otra oración.

¡Conéctate! *Usa el glosario digital ilustrado.*

Sonido b de la letra b

La palabra **bota** comienza con la letra *b* y el sonido b.

Con este sonido podemos formar las sílabas ba, be, bi, bo, bu.

Estas palabras tienen la letra *b* y el sonido b.

bate	**beso**	**bidón**
bola	**boda**	**lobo**
bata	**tubo**	**sábana**

Sergio De Giorgi

Beba y Beto pasean en bote.

Beto toca el bombo.

COLABORA

Tu turno

Busca estas palabras con la letra *b* y el sonido b en "Sábados de animales".

sábados	**Sebi**	**banana**
bonita	**Benito**	**Mabel**
Tobi	**balde**	**Bubú**
Babá	**bebidas**	**budín**

Pregunta esencial
¿Cómo ayuda la gente en la comunidad?

 ¡Conéctate!

Sábados de animales

Nélida Montes

Sergio De Giorgi

Sebi es el mono más **bueno** del mundo.

Vive en una casa de banana y bambú.

¡**Ahí** está su casa! ¿La ves?

Isla Bonita

Bienvenido

Sergio De Giorgi

La casa está en Isla Bonita.

Isla Bonita es muy… bonita.

Sebi tiene vecinos animales.

Vive en una isla pintada de sol.

Sebi y Benito cocinan juntos.

—¿Quién nos ayuda? —dice Benito.

—Voy a **llamar** a los demás —dice Sebi.

—A que no te oyen... —dice Benito.

—¡A que sí! —dice Sebi.

—¡A que no! —dice Benito.

—¡¡¡ANIMALES!!! —dice Sebi.

Mabel lava las uvas.

Tobi lava los vasos en un balde.

Bubú y Babá destapan bebidas.

Está **casi** todo listo. Solo falta el budín.

—¡**Quiero** comer! —dice Benito.

Sergio De Giorgi

En Isla Bonita, los vecinos colaboran.

Todos los sábados hacen la comida.

¡Ponen la mesa y comen juntos!

Personaje, ambiente, sucesos

Un **personaje** es una persona o un animal de un cuento.

El **ambiente** es el lugar donde ocurre un cuento.

Los **sucesos** son las cosas que pasan en un cuento.

🔍 Busca evidencias en el texto

Busca un suceso. Usa las palabras y las ilustraciones del cuento.

página 81

Mabel lava las uvas.

Tobi lava los vasos en un balde.

Sergio De Giorgi

Personaje	Ambiente	Sucesos
Mabel	Isla Bonita	Lava las uvas.
Tobi	Isla Bonita	Lava los vasos.
Bubú y Babá	Isla Bonita	Destapan las bebidas.

Tu turno

Conversa sobre el ambiente, los personajes y los sucesos de "Sábados de animales".

¡Conéctate! *Usa el organizador gráfico interactivo.*

De lectores...

Organización Benita escribió un cuento con principio, desarrollo y final.

Cuento de Benita

Tito y Dani limpian la playa. Ven una lata y un palo en el suelo. Los ponen en la basura. ¡Ahora la playa está limpia!

Tu turno

COLABORA

Comenta qué sucede al principio, en el desarrollo y al final del cuento de Benita.

a escritores

El sustantivo: masculino y femenino Algunos sustantivos son femeninos, como **lata**. Algunos sustantivos son masculinos, como **palo**.

Ven una **lata** y un **palo** en el suelo.

Tu turno

COLABORA

- Subraya otros sustantivos femeninos y masculinos en el cuento de Benita.
- Encierra en un círculo las mayúsculas en los nombres propios.
- Escribe oraciones que tengan sustantivos femeninos y masculinos.

Sergio DeGiorgi

Concepto semanal
Sigue el mapa

¿? **Pregunta esencial**

¿Cómo encontrar el camino?

¡Conéctate!

Jeff Greenberg/Alamy

88

¡Hagamos un mapa!

Coméntalo

¿Qué usa esta familia para orientarse?

algunos

Algunos días paseo en bici.

muchos

No hay **muchos** niños en la ruta.

primero

¡**Primero** vamos a las tiendas!

siempre

Siempre usamos este mapa.

tiempo

Paso el **tiempo** con mis amigas.

Tu turno

COLABORA

Di la oración para cada palabra. Luego, haz otra oración.

¡Conéctate! **Usa el glosario digital ilustrado.**

(tl) Petr Bonek/Alamy; (cl) Tom Rosenthal/SuperStock; (bl) Holger Leue/Lonely Planet Images/Getty Images; (tr) Jack Hollingsworth/Digital Vision/Getty Images; (br) opus/a.collectionRF/Getty Images

Sonido f

La palabra **foto** comienza con el sonido f.

Con este sonido podemos formar
las sílabas fa, fe, fi, fo, fu.

Estas palabras tienen el sonido f.

fin	fondo	Felipe
felino	fila	bife
sofá	funda	teléfono

Silvia Álvarez Catellar

Fani y Felipe visitan Santa Fe.

Fani usa un mapa y Felipe usa el teléfono.

Tu turno

Busca estas palabras con el sonido f en "El mapa de Fontana".

Fito   Feli   Fontana

filas   foto   Fe

Pregunta esencial

¿Cómo encontrar el camino?

Lee acerca de diferentes lugares de una ciudad.

¡Conéctate!

Lane Oatey/Getty Images

El mapa de Fontana

Fito y Feli viven en Fontana.

Fontana es una ciudad bonita.

¿Salimos con ellos?

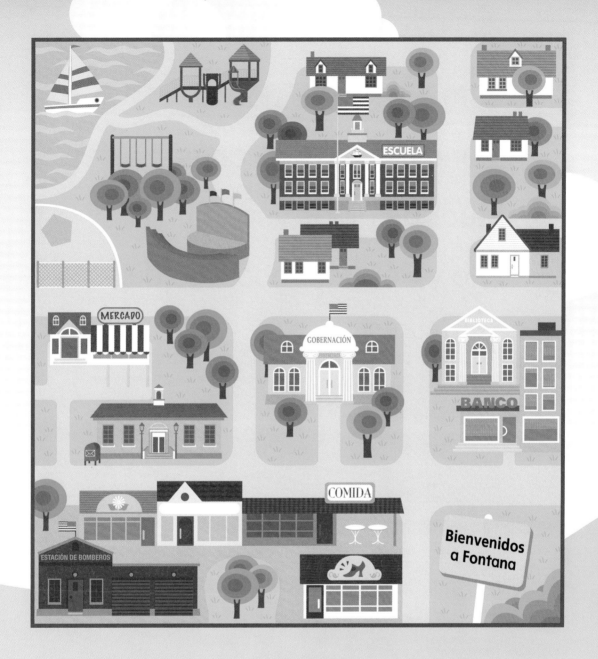

Este es un mapa de Fontana.

En el mapa vemos **algunos** lugares.

Este edificio es bonito.

Tiene filas de ventanas.

Muchos niños van ahí.

Fito y Feli van todos los días.

¿Qué es?

¿Lo ves en el mapa?

Feli tomó esta foto al lado del lago.

Fito y Feli **siempre** pasan mucho **tiempo** ahí.

¿Qué es?

¿Lo ves en el mapa?

En este lugar hay un buzón.

Fito y Feli mandan postales
a Santa Fe.

¿Qué es?

¿Lo ves en el mapa?

El paseo continúa, pero…
¡**primero** hay que comer!

¿Dónde podemos comer?

Tema principal y detalles clave

El **tema principal** es el tema sobre el que trata la lectura.

Los **detalles clave** dan información sobre el tema principal.

 Busca evidencias en el texto

La lectura trata sobre el uso de los mapas.

Busca un detalle acerca de la escuela de Fito y Feli.

página 98

Este edificio es bonito.

Swerve/Alamy

Tema principal
Cómo usar un mapa para buscar lugares en la ciudad

Detalle	Detalle	Detalle
La escuela tiene filas de ventanas. La escuela está en el mapa.	Los juegos están al lado del lago. Están en el mapa.	En el correo hay un buzón. El correo está en el mapa.

Tu turno

Comenta el tema principal y algunos detalles de "El mapa de Fontana".

¡Conéctate! **Usa el organizador gráfico interactivo.**

De lectores...

Ideas Fabi tuvo una idea. Escribió sobre ella y agregó detalles de apoyo.

Oraciones de Fabi

En Navidad visité la ciudad de Santa Fe. Vi una escuela bonita. Los niños juegan en un parque que está al lado.

Tu turno

Di qué detalles usó Fabi para explicar su idea.

Silvia Álvarez Catellar

a escritores

Artículos definidos e indefinidos

Los **artículos definidos** son **el, la, los, las**.
Los **artículos indefinidos** son **un, una, unos, unas**.

Los niños juegan en **un** parque que está al lado.

Tu turno

- Haz un círculo a otros artículos definidos e indefinidos en las oraciones de Fabi.

- Subraya la mayúscula en el día festivo.

- Escribe una oración que incluya artículos.

Scott Burroughs